In jeder Bewegung ist Glück

Philippe Delerm

In jeder Bewegung ist Glück

Aus dem Französischen von
Hinrich Schmidt-Henkel

Scherz

Die Originalausgabe erschien unter dem Titel
«La sieste assassinée» bei Éditions Gallimard, Paris.

www.fischerverlage.de

Erschienen bei Scherz, ein Verlag
der S. Fischer Verlag GmbH, Frankfurt am Main

Satz: MedienTeam Berger, Ellwangen
Druck und Bindung: Ebner & Spiegel GmbH, Ulm
Printed in Germany

ISBN 3-502-11140-5

Regen über Roland-Garros

«Météo-France meldet Schauergefahr in ungefähr zwanzig Minuten.» Jäh haben die Farben über dem Court gewechselt. Der orangefarbene Bodenbelag hat eine rote, beinahe bräunliche Mattheit angenommen. Die blassgrünen Planen mit dem Werbeaufdruck BNP – Banque Nationale de Paris vermitteln auf einmal die Atmosphäre eines Hallenbades, einer öden Turnhalle. Es regnet noch nicht wirklich, aber eine Art Niesel scheint in der Luft zu liegen, denn die Konturen werden weich.

Dann der bang erwartete Moment, in dem der Spieler, der den Aufschlag hat, gen Himmel blickt und darauf zum Schiedsrichter. Dieser sitzt unerschütterlich auf seinem Sitz und sagt gelassen 15-30 an. Er muss beweisen, dass er es ist, der hier die Entscheidungen trifft: Für einen der beiden Spieler ist es immer von Vorteil, wenn das Match unterbrochen wird. Es geht weiter, aber man beachtet den Punktestand nicht mehr so genau. Gleich kommt der Regen. Dies ist eine jener Situationen, in denen man etwas befürchtet und dabei genau weiß, dass es eintreffen wird. Als der Wolkenbruch einsetzt, unzweifelhaft und prasselnd, gibt man ohne zu murren auf. In Sekundenbruchteilen ist der Schiedsrichter von seinem Sitz herunter, sind die Ersatzschläger und Handtücher tief in den Sporttaschen verschwunden, haben die Balljungen die große, dunkle, weiche Plane ausgebreitet.

Dann ist nichts mehr zu machen. Du sitzt vor dem Fernsehbildschirm und denkst, du hättest geradezu den Duft der Rimbaud'schen Linden in den Junialleen in der Nase. Wie die Zuschauer im Stadion auch, flanierst du beim Warten in deinem Kopf. Es herrscht Stille, ein Nichts, ein Schweben. All die Technologien, all die angestrengten, auf das Turnier gerichteten Werbebemühungen und sportlichen Leistungen verfallen in eine leicht melancholische Trägheit. Nächste Woche beim Finale wird gutes Wetter herrschen, das weißt du schon jetzt, der Boden wird arenarot sein und die Teleobjektive werden ihre Monsterschnauzen recken. Aber im Augenblick liegt ein wenig Verdruss über der Szenerie, du spürst Lust auf eine Tasse Tee und möchtest gern einen Pulli überziehen, obwohl es so mild ist. Regen über Roland-Garros.

Begegnung im Ausland

Du weißt nichts über sie. Nicht mal, wie sie heißen. Gewöhnlich begnügst du dich damit, sie bei der Bäckerin oder im Tabakladen mit einem kurzen Nicken zu grüßen. Schon seit zehn Jahren immerhin läuft man sich so über den Weg, ohne jede Neugier. Nicht mal Gleichgültigkeit ist das. Eher eine Art vertrautes, gar nicht unangenehmes Nebeneinanderher, das aber nirgends hinführt.

Und jetzt auf einmal tauchen sie hier auf, mitten im Hyde Park, das muss man sich mal vorstellen! Nach dem Gedränge in den Geschäften der Regent Street hat dich diese englische Freizügigkeit amüsiert, dass jeder einfach einen Ruhestuhl nehmen und es sich gemütlich machen darf, die Füße auf dem Rasen, zufrieden seufzend – mit dem Gefühl, fast zu den Hiesigen zu gehören. Und dann, ein paar Yard nur entfernt, genau dir gegenüber, entspannt in dem grünen Segeltuch wie du auch … Ist doch wahr, diese Begegnung ruft nicht gerade überschwängliche Begeisterung hervor. Eher eine gewisse Zurückhaltung, die eben daher rührt, dass du weißt, es wäre jetzt angebracht, Freude an den Tag zu legen, und auch, dass das nicht leicht wird. Gegenüber stellt sich in demselben Augenblick dasselbe Gefühl ein, und schon werden die Bewegungen synchron. Man wundert sich unisono, macht große Augen, sperrt den Mund auf. Mit einer Langsamkeit, die die an den Tag gelegte Freude gleich als unecht entlarvt, geht man aufeinander zu. Was um Himmels willen soll man jetzt sagen?

Und hier nun kommt die jahrelang angehäufte soziale Heuchelei rettend ins Spiel. Ja, diese unter allen Umständen wirksame Gelassenheit, die nicht über die schönen Beklommenheiten der Jugendzeit hinwegtröstet, sondern ihnen nachfolgt und damit unwiderruflich den Übergang ins Erwachsenenalter markiert; diese lächerliche, aber so ungemein praktische Selbstsicherheit erlaubt es dir, dich der Situation zu stellen, mit einer irgendwie ungehörigen Natürlichkeit. Man unterhält sich. Über England, worüber sonst? Jede Anspielung auf die gemeinsame Herkunft verbietet sich von vornherein. Die Umstände der Reise hingegen, die Unwägbarkeiten der Unterkunft, die schwierige Entscheidung zwischen Tube und Taxi, all das kommt nacheinander zur Sprache. Du bist erstaunt und entzückt von der

Energie, die du aufbringst. Man liegt auf einer Wellenlänge, wie hat man es nur fertig gebracht, so lang aneinander vorbeizuleben? Du weißt immer noch kaum etwas davon, wer diese Leute sind, aber du schaust freundlich drein, und in der augenblicksgeborenen Herzlichkeit willst du schon vorschlagen, gemeinsam ein Glas trinken zu gehen. Obwohl... Du bist gerade mal für zwei Tage in London, und die Vielzahl von Stimmungen, die du einfangen wolltest, droht zu traurigem Stückwerk zu verkommen, wenn du das bisschen Zeit durch den Umgang mit Landsleuten verwässerst. Vielleicht lieber ein Treffen zu Hause in Frankreich, nach der Rückkehr? Ja, natürlich... Andererseits... Man kann sich ja nicht die nächsten hundert Jahre lang über London unterhalten...

All dies Ungesagte huscht daneben vorbei, das spürst du genau. Das fröhliche Geplauder der ersten Sekunden verebbt, zwischen den Sätzen herrschen immer längere Pausen. Man scheidet etwas steif voneinander, und die Abschiedsfloskeln haben einen durchaus erleichterten Beiklang.

Acht Tage später am Zeitungsstand tust du so, als würdest du sie nicht sehen.

Dieser leicht geneigte Kopf

Die rechte Wange senkt sich ein klein wenig zur Schulter. Das sieht lustig aus. Eine Bewegung, die man früher bei Paaren beobachten konnte, wenn der eine ohne Worte etwas vom anderen erbitten wollte, eine Streicheleinheit, einen Kuss oder dass er den Arm um ihn legt. Eine Bewegung, die Mattigkeit und Hingabe ausdrücken mochte, verhaltenes Schmollen, aber auch Traurigkeit – all das konnte die Neigung des Halses bedeuten. Heute hingegen vollführt man diese Bewegung allein, mitten auf einem öffentlichen Platz oder irgendwo auf dem Bürgersteig, man verlangsamt den Schritt ein wenig, geht aber weiter, oder man tut es, wenn man am Strand sitzt oder auf der Straße vor einem Kaffee – überall. Überall diese sichtbar gemachte Schwäche, diese Sehnsucht nach einer Stimme, der Nähe einer Person, die fern ist.

Natürlich, es geht darum, ins Handy zu sprechen, und die Nachricht ist oft banal: Ich bin jetzt an der Ecke Rue d'Amsterdam, in zwanzig Minuten bin ich zu Hause, im Gemüsefach sind noch Tomaten und eine Gurke. Vielleicht hat es nur technische Gründe, weil es ringsum laut ist und man den Apparat ans Ohr pressen und ihn im Mantelkragen verbergen muss, zum Beispiel als Windschutz. Ja... Vielleicht... Aber es erinnert auch an jenes Kinderspiel, bei dem man, eine Muschel am Ohr, nach dem Meer lauschte. Aber damit hat das natürlich nichts zu tun, hier kommuniziert man dynamisch in der schnellen Gegenwart.

Dennoch ist da dieser leicht geneigte Kopf, parallele Einsamkeiten treiben über die Bürgersteige. Als wären wir alle aus der Kindheit Vertriebene, die nicht so recht wissen, wo sie hingeraten sind.

Pfingstrosen

Ganz ehrbar und redlich kann man in einem Garten von Blume zu Blume wandern, die Levkojen besuchen, als würde man bei einer in granatroten Samt gezwängten eleganten Dame den Tee einnehmen, man kann brav an der Quittenblüte schnuppern, als hätte man auf ein italienisches Eis Lust, Erdbeer und Vanille, kann für ein paar Sekunden bei den chinesischen Schirmen der Akeleien verweilen. Doch immer wird man hinter einem Busch von der Pfingstrose erwartet, und gleich riskiert man die Erregung öffentlichen Ärgernisses. Sie ist derart rund und üppig, so selbstsicher, sie hört gar nicht auf, sich zu spreizen. Sogar als Knospe schon stellt sie ihre Kurven so wollüstig zur Schau wie eine schöne Schläferin zwischen den Betttüchern, in wohligem Schlaf, der aber geheuchelt ist – denn ihr Glück besteht darin, angeschaut zu werden.

Eine Anmacherin ist die Pfingstrose, fleischig schon von klein auf, in ihrer Wiege voller Sehnsucht… Und dann so schnell entfaltet, so verschwenderisch mit ihren Blütenblättern, und dazu dies Rot jenseits aller geschmackvollen Zurückhaltung… Granatrot, lila-violett, manchmal himbeerfarben unter grauem Himmel… Das ist keine Farbe mehr, das ist eine Metapher für die Hingabe: Gerade noch genügend dunkles Geheimnis, dass ihre Sinnlichkeit nicht zu einer schlüpfrigen Aufforderung verkommt.

Wie sollte man nicht vor diesem flamboyanten Schauspiel verweilen, verführt, aber auch ein wenig befangen? Die Pfingstrose ist kompromittierend. Zucker und Pfeffer, miteinander vermischt, das ist sie, und sie verheißt alle Aromen: Sie anzuschauen kommt dir wie eine Sünde vor. Doch darauf beschränkt das Verbrechen sich schon, niemand braucht die Sittenpolizei zu alarmieren; beim ersten Gewitter lässt die Pfingstrose ihre Farben wegschwimmen, ihre Blütenblätter sich zerstreuen, und das Begehren des Betrachters wandelt sich in Mitleid. Diese Verführerin brennt nur für sich selbst, und einsam stirbt sie, zu Löschpapier gemacht, auf den Wegen zerblättert.

Ihre Grabschrift verleiht ihr etwas zu spät das Mystische, das sie gern gehabt hätte:

Sie war vernarrt in ihren Leib
Sie liebte sich zu sehr, um ihn zu verschenken
Betet für sie

Heute bringe ich den Müll raus

Nicht dann, wenn du etwas wegwirfst. Nein, dann schaust du gar nicht richtig hin – dann stellst du nur fest, ob der Mülleimer mehr oder weniger voll ist. Erst wenn er überquillt und du dich dazu aufraffen musst, den Sack herauszunehmen, dann wirfst du, kurz bevor du sie mit dem durchscheinenden Plastikbändchen verschließt, einen kurzen Blick auf diesen vielfach zusammengesetzten Schatz. So widerlich findest du ihn gar nicht mal. Der Kaffeesatz gibt dem Ganzen einen Zusammenhang, indem er sich in sämtliche Zwischenräume verkrümelt. Ohne Scheu sprenkelt er die zerrissenen Briefumschläge, beschmutzt dabei aber nicht die blaue Tinte der vertrauten Handschriften und schmiegt sich in die feuchten Mulden der Kartoffelschalen. Ein pergamenten mumifiziertes Apfelgehäuse ist in den milchigen Abgrund eines Bifidus-Joghurtbechers geraten. Unverdrossen bohrt sich die Spitze eines eingetrockneten Filzstifts in die leere Verpackung der Magnesiumtabletten. Seltsame Einzelexistenzen greifen hier ineinander, in diesem Raum, den du bei deinen letzten Besuchen mit der flachen Hand zusammengepresst, im Glauben, du würdest alle Luft herausdrücken. Doch kaum drehst du dich um, da fangen all diese vermeintlichen Leichname wieder an zu atmen, nehmen erneut Form an und duzen sich in nächtlicher Unbefangenheit. Du hast komprimieren, wegschaffen, auslöschen wollen. Sie gehören uns nicht, diese nie ganz ausgekratzten Melonenschiffchen. Du denkst, du wirfst deine Kehrseite weg, schmutzige, nutzlose Dinge. Aber vielleicht ließe sich auch etwas über deine Vorderseite herauslesen aus dieser kuriosen Vermählung des nie gelesenen Kundenblättchens von der Versicherung mit den Kondensmilchdosen, der kleinen Teebeutel-Fallschirme mit den Orangenschalen. Ein paar Sekunden, um das alles mit dem Blick zu erfassen, Dinge, die an uns erinnern und sich uns entziehen. Dann verschließt du den Sack mit einem umstandslosen Knoten. Aber nichts ist tot. Das alles wird weiter Zwiesprache führen, weit von uns entfernt, Zeugen der Entlastung.

Unter den Lidern

Urtierchen, Amöben, wie damals im Biologieunterricht unterm Mikroskop. Du wusstest nie so sicher, ob es wirklich das war, was du da auf dem dünnen Glasplättchen sehen solltest, aber doch, das war schon alles, diese fahl transparenten, bewimperten Dinger. Du liegst am Strand in der heißen Sonne. Mit geschlossenen Augen. Die Amöben schwimmen auf dem Bildschirm der Lider vorüber. Sachte treiben sie von links nach rechts, verschwinden dann nach oben. Die nächste kommt in Sicht. Wenn du die Augen ganz fest zudrückst, würdest du sie natürlich nicht mehr sehen. Aber genauso fühlst du dich wohl, mit nur fast verschleiertem Blick, den Rücken in den warmen Sand geschmiegt. Zugegen. Und weit entfernt. Du hörst alles: die Brandung, darüber das Kindergeschrei, das schrille Konzert der Möwen. Dann und wann gelangt ein Satz an dein Ohr, unter einem der benachbarten Sonnenschirme gesprochen:

«Also, seit ich Sonntag diese Sendung im Fernsehen gesehen habe, mag ich ja gar nichts mehr essen!»

Meistens aber hörst du Befehle, die in die Luft aufsteigen:

«Marine, nicht so weit!...»

Die Amöben ballen sich zusammen, bilden vergängliche Gruppen, Kurven oder Zickzacks. Kleine, flüchtige Wasserperlen, sie zeichnen die Rückseite des Himmels und des Sommers. Jetzt sieht es aus wie ein Insekt, hat die Gestalt einer Gottesanbeterin, die auseinanderbricht, bevor sie lebendig wird, und da, jetzt erkennst du den Großen Bären, danach Tapiokakörner, durchscheinend und rund.

Mit dem Schauspiel auf der Innenseite der Lider kuschelst du dich in die Wärme, in die gedämpften Geräusche, in träge treibende Gedankenlosigkeit. Wie damals unterm Mikroskop: eine Welt, die sich endlos zwischen zwei Wimpernreihen regt, unermesslich, winzig klein, und die nun von dieser Bildschirmrückseite verschwindet. Bald wirst du die Augen aufmachen. Das Meer wird schmerzhaft grün sein. Aber du hast es nicht eilig, dich vom Grau zu verabschieden.

Das Jaja beim Friseur

Da sitzt du in den Stuhl gezwängt, es ist stickig unter dem seidig wehenden Stoff, den der Friseur dir umgehängt hat. Danach ist sein Finger noch um deinen Hals gestrichen, hat die schützende Manschette geglättet – und seitdem lässt du alles mit dir geschehen, gelähmt von so viel Autorität, so viel Aufmerksamkeit, von dem Veilchen- und Fougèreduft, der durch den Salon wabert.

Es ist nicht sehr höflich, den Friseur mit Blicken zu verfolgen, wenn er in deinem Rücken redet, es ärgert ihn ein bisschen – er sagt nichts, aber er greift deinen Kopf bei den Schläfen und rückt ihn zurecht, sanft und durchaus unerbittlich. Dann setzt das Ballett von Kamm und Schere wieder ein und nach kurzer Pause auch das Gespräch. Das ist jetzt ziemlich seltsam: Du siehst dir beim Plaudern selbst ins Gesicht. Nicht, dass du dich wirklich anschauen oder bewundern würdest – es wäre wohl kaum angemessen, dich solcher Selbstgefälligkeit hinzugeben –, während sich um deine Ohren diese bienenemsige Kunstfertigkeit entfaltet. Du schaust dich an und vergisst dich. Du gehst ganz im Gespräch auf, einem meist ziemlich banalen, moralisierenden, mit sehr weit gefasstem gemeinsamem Nenner, zum Beispiel über die Entwicklung der Abwehr beim Fußball: «Na, was will man anderes erwarten, Geld regiert die Welt.»

Aber der alles entscheidende Moment kommt ganz zum Schluss. Die Bewegungen sind langsamer geworden, der Figaro hat dich von dem Nylonumhang befreit und ihn mit einer einzigen raschen Bewegung ausgeschüttelt, einem routinierten Dompteur-Peitschenhieb. Mit einer weichen Bürste hat er die abgeschnittenene Härchen entfernt. Und dann ist der gefürchtete Augenblick da. Der Friseur tritt ans Tischchen, nimmt einen Spiegel und bringt ihn rasch drei Mal in Position: direkt hinterm Kopf, dann Dreiviertelansicht links und Dreiviertelansicht rechts. Jetzt auf einmal erkennst du das Ausmaß der Katastrophe… Doch, es ist schon mehr oder weniger das, was du gewollt hast, aber obwohl du ihn gebeten hast, es hinten etwas kürzer zu schneiden, hattest du vergessen, wie bescheuert ein frischer Haarschnitt immer wieder aussieht. Und dieses Desaster musst du jetzt mit einem kurzen «Ja, ja» abnicken, mit schmerzerfüllter Zustimmung, von einem heuchlerisch zufriedenen Zwinkern begleitet, einem Kopfwackeln, manchmal einem «Ausgezeichnet!», das dich ganz besonders quält. Und dafür sollst du jetzt auch noch bezahlen.

Die Witwen am einarmigen Banditen

Ganz sicher sind das Witwen. Oft ist ihr Haar fast violett, es ist übermäßig gelockt, sie tragen beigefarbene oder lila Kostüme mit Rankenmuster, an ihre Handgelenke würden Gliederarmbänder passen, aber sie tragen keine. Sie sitzen vor den Spielautomaten, harten, abwesenden Blicks. Mechanisch holen sie eine Münze nach der anderen aus dem kleinen Plastikeimer – ulkig, dieses Eimerchen in der Hand der Alten vor den klickernden Maschinen, das aussieht, als wäre es für den Sandkasten gedacht. Um sie herum die Leute sind alle jünger als sie – einer steckt die Münzen rein, die anderen hinter ihm kommentieren das Spiel mit «Oh!» und «Ah!». Aber die kleinen alten Weiblein zwinkern nicht einmal. Statuen gleich sitzen sie auf ihrem Hocker und verfolgen das unentwegte Kreisen der Kirschen, Pflaumen, Birnen und Bananen.

Auf einmal passiert es, in allen Fenstern kommen Kirschen zum Stehen; es klackt ganz kurz und trocken, und schon setzt unten in der Rinne ein Sturzbach von Münzen ein. Es dauert geraume Zeit, die anderen Spieler riskieren einen Seitenblick, manche halten inne, angewidert, weil die Lawine gar nicht mehr aufhören will. Aber die kleinen Alten sammeln nicht mal die Münzen ein. Sie gehen aufs Ganze. Sie haben Zeit. Auf ihrem Gesicht ist nicht das kleinste bisschen Freude zu erkennen.

Angst könnte man vor ihnen kriegen. Schon seit langem wissen sie nicht mehr, wie Pflaumen oder Kirschen schmecken. Sie brauchen nichts, sie wollen nichts. Nur Geld wollen sie, mit automatenhafter Gier. Das orange Licht verleiht ihnen eine fahle Gesichtsfarbe, da sind amerikanische Wörter, die sie nicht verstehen, allzu laute Musik, die sie nicht hören. Wenn man zum ersten Mal so einen Spielsalon betritt, kommen sie einem ein bisschen lächerlich vor, fehl am Platze. Bald aber hat man begriffen, dass diese ganze absonderlich hitzige Veranstaltung nur um ihretwillen existiert, für ihre absurden Siege und faden Niederlagen. Irgendwann endlich scharren sie die gesammelten Münzen aus der Rinne in ihr Spielzeugeimerchen. Sie nehmen den Mantel, lassen ihre Schätze zählen, nehmen Geldscheine entgegen. Mit matter Gebärde überlassen sie den letzten Schein dem Bediensteten im Smoking. Man wüsste gern, ob ihr Herz irgendwann mal ein bisschen schneller geschlagen hat. Aber sie wollen mit niemandem darüber reden. Sie tippeln über die beleuchtete Uferpromenade davon. Ein schöner Sommerabend ist es; die Mädchen haben sich Pullis über die Schultern gelegt, die Kinder essen Eis. Die kleinen Alten verschwinden in der Nacht. Morgen kommen sie wieder. Weiterspielen.

Biografisches Präsens

Die biografischen Angaben in den Lexika sind immer zu kurz. Die Schriftsteller werden zwischen ihren Geburts- und Todesdaten eingeklemmt, es ist, als hätten sie kaum Zeit gehabt, ihre Werke zu schreiben – die Jahresangaben neben den Titeln lassen ihnen kein bisschen Zeit zum Verschnaufen, und auch unserer Phantasie lassen sie keinerlei Spielraum.

Viel besser sind da schon die zwei oder drei Seiten langen Darstellungen, wie zum Beispiel im *Lagarde et Michard*:

«Im Collège von Château-Thierry lernt Jean de la Fontaine Latein, vielleicht auch etwas Griechisch. Mit zwanzig Jahren (1641) glaubt er sich zum Priesteramt berufen, gibt aber bald die Theologie auf, zugunsten der Rechtswissenschaft, und erwirbt den Titel eines *Avocat au Parlement*. 1647 ehelicht er Marie Héricart.»

Wie frisch und umstandslos dies biografische Präsens doch wirkt! La Fontaine *lernt Latein*, mal eben so, ganz mühelos, nur, damit es später in seiner Biografie vermerkt werden kann. *Vielleicht auch etwas Griechisch…* Man spürt es: Die Autoren des Handbuchs hatten da so ihre Hintergedanken, sie wollten uns suggerieren, dass der gute La Fontaine bereits sehr früh die antiken Modelle für seine Fabeln kennen gelernt hat. Aber das gelingt ihnen nicht. Eher behält man im Gedächtnis, dass Jeans Leben keine große Eile hat, sich in irgendeiner Richtung festzulegen. Hase oder Grille? Er macht Umwege, wie es ihm gefällt. Vielleicht noch ein bisschen Griechisch? Dann beschleunigt der Film. *Er gibt bald die Theologie* auf, deren trister Schatten nur kurz um die Ecke gelugt hat.

Leicht und leichtfüßig ist er, der Rhythmus dieser Sätze, die irgendwohin schlendern. Auf das Werk zu. Auf den Tod zu. Aber egal. Das Präsens der Biografien ist wie die Reise in einer Postkutsche, die an jedem Brunnen hält. Wozu sich abhetzen? Jeder Schluck klares Wasser eine kleine Ewigkeit. Nichts zwingt Jean de la Fontaine, wieder in die Kutsche zu steigen. Er hat alle Zeit der Welt, bevor er zur Feder greift. 1647 ehelicht er Marie Héricart.

Sonst kucke ich nie fern!

«Ich bin drauf gestoßen, als ich eine Kassette zurückgespult habe. Der reine Zufall. Sonst kucke ich nie fern!»

Ach! Wie nett ist das anzuhören, dieses Fernseh-Schuldbekenntnis! Es klingt so falsch, ansteckend falsch, genauso wirst du selber es bei nächster Gelegenheit sagen. Aber jedesmal klingt es ganz überzeugend. «Kein Wunder, ich glaube, wir haben schon seit einem Vierteljahr nicht mehr ferngesehen.» Aber der Zufall wirkt im Verborgenen. Du hast nur ganz kurz was gesehen. Ganz arglos hast du nachgeschaut, ob der Fellini, den du auf Arte aufgenommen hast, auch wirklich ganz auf der Kassette ist. Aber dann bist du an das Wortgefecht zwischen einer erhitzten Sängerin und dem berufsmäßig frechen Moderator geraten, an idiotische Werbung, ein vor Wut schier ausrastendes Publikum. Und nur darüber unterhältst du dich dann, nicht über den Fellini – «Ich hab den auch aufgenommen, aber angesehen hab ich ihn noch nicht.»

Hast du gesehen, wie sie ihm contra gegeben hat? Ein begeisterter Gesichtsaudruck straft die eben noch zur Schau getragene olympische Gleichgültigkeit Lügen. Kurz hast du darunter gelitten, wie gewöhnlich diese Sendung ist, hast über die Aufgeregtheit der Primetime ein bisschen die Nase gerümpft, über die Buntheit, diese amerikanische Studio-Dekoration. Aber nun, sie hat dir ein reizvolles Thema geliefert, eins, das eine Welle von interessierter Ablehnung auslöst, von entrüsteter Begeisterung.

Man darf alles – im Garten arbeiten, Radio hören, Liebe machen, eine Siesta halten, im Sessel lungern und Comics lesen. Aber fernsehen, richtig glotzen, das gehört sich nicht. Irgendwann ist dieses Dekret ergangen und hat natürlich sofort zugleich den Reiz dessen ausgeübt, was verboten ist, mittelmäßig, feige.

Und so hältst du dich in prekärem Gleichgewicht auf dem schmalen Grat des schlechten Gewissens. Aufs Geratewohl spazierst du die Kanäle ab, einen nach dem anderen, den Finger auf der Fernbedienung. Was man im Fernsehen auf keinen Fall versäumen darf, ist das, was läuft, während man eine Kassette zurückspult.

Tatarenstrand

Jetzt sind alle zum Abendessen abgezogen. Karamellbraune Kinder mit roten Augen trippeln, das Handtuch über die Schulter geworfen, auf Zehenspitzen und drücken das Tor zur Villa Saint-Yves auf:

«Ich geh als Erster duschen!»

Die Flut wird kommen, aber noch ist der Strand breit. Auf halber Strecke zwischen dem Wasser und dem gemauerten Deich markieren Sandkuchen und Sandschlösser eine unerwartete Grenze. Wahrscheinlich stehen sie alle dort, weil der Sand an der Stelle besonders geeignet ist. Aber ihre Isolation und die Art, wie sie im Gegenlicht dastehen, geben diesen aufgereihten Bauwerken einen anderen Sinn. Die Schatten der Türme, der Einfriedungsmauern werden länger. Eine ockerbraune Welt reglos wartender Zitadellen – eine Tatarenwüste.

Möwen stolzieren hier herum, mit kurzen priesterlichen, leicht hochnäsigen Schritten, den

Hals nach hinten gebogen. Sie wirken inmitten dieser Burgen monströs groß; neben ihrem grauweißen Gefieder nehmen die Details der Zinnen und der schmückenden Muschelschalen an den Wehrmauern das Gepräge einer beunruhigend präzisen Traumwelt an.

Hinten dort glitzert das Meer, es scheint in unbekannte Fernen zu führen. Die orangefarbene Sonne verschwimmt in einer Dunstwolke. Die Zitadellen warten, das lässt sie so majestätisch wirken. Der Feind, der da kommt, wird sie beim ersten, spätestens beim zweiten Ansturm schleifen.

Wie lange leben versunkene Schlösser am Meeresgrund fort? Wie sie jetzt auf die Flut warten, das hat die selbstmörderische Kühnheit des Königs Don Sancho, sie wirken verletzt, heimatlos. Vorhin der Strandrummel, nachher die Wellen, dazwischen jetzt diese Frist. Hoch auf den Türmen gibt ein unsichtbarer Späher auf, er ist reglos, großartig. Das «tuck, tuck, tuck» eines in den Hafen heimkehrenden Kutters klingt vor der Stille wie ein pochendes Herz.

Die Wahrheit auf der Schwelle

Da stehen sie auf der Türschwelle. Blass. Mager. Bereits bevor sie grüßen, lächeln sie so gütig, dass es einen schon misstrauisch stimmt. Was haben die einem zu verzeihen? Was wissen die von einem, dass sie so eine zuckersüße Absolution bereithalten, so eine heimtückische Höflichkeit? Er trägt ein assyrisches Bärtchen zur Schau, ein sehr schmales, das zugleich diskret und peinlich akkurat wirkt. In der Hand hat er eine altmodische Tasche, eine Aktentasche aus schwarzem Kunstleder mit beweglichen Griffen. Sie, die neben ihm steht, scheint ganz und gar in der Milde ihres himmelblauen Blicks aufzugehen. Ihr Körper existiert überhaupt nicht. Sie ist nichts als ein Blick voll eiskalter, fleischloser Güte. Du weißt schon, was das für welche sind. Sie wissen, dass du es weißt. Daher wohl auch diese gewisse Unsicherheit auf der Fußmatte, dieses frostige Zögern, dieses scheinheilige Schweigen. Schließlich traut er sich vor, während sie leicht geneigten Kopfs einen immer spitzeren Blick bekommt.

«Wollen Sie die Wahrheit kennen lernen?»

Du hättest heute eine ganze Reihe von Besorgungen zu erledigen, etliche Telefonate zu führen. Die Wahrheit war in dem Programm nicht vorgesehen. Und nun steht sie auf einmal auf deiner Schwelle, mit vergissmeinnichtblauem Blick und assyrischem Bärtchen! Die Wahrheit ... Doch schon zieht der Bärtige eine bunte Broschüre aus seiner Zaubertasche, und die Fußabtreter-Liebenswürdigkeit kippt ins Essigsaure um. Ob du die Theorien kennst, die den Lauf der Welt verändern werden? Ja, ja, kennst du, und du erlaubst dir sogar, sie mit niemandem zu teilen. Aber einem Gespräch wirst du dich doch nicht verschließen wollen? Doch, doch, durchaus, kein Gespräch, ganz verschlossen, selbst wenn ein Rachegott dich auf ewig in dieser lächerlichen Verweigerungspose an deiner Tür erstarren lassen sollte.

Die Lippen unter dem Bärtchen kräuseln sich zu einem resignierten Lächeln. In der blauen Iris dräut ein verhaltenes Gewitter. Diese stille Vergebung für deine verstockte Begriffsstutzigkeit lässt dir die Zornesader schwellen. Der Reißverschluss der Aktentasche besiegelt zugleich die Verdammnis deiner Seele und die Rettung deines Nachmittags. Der Fußabtreter wird nicht überschritten, die Wahrheit stolziert von dannen. Welche Glückseligkeit, der Wahrheit noch einmal entgangen zu sein!

Leckgeschlagen

Erst ist da nur ein Fleck an der Innentasche deiner Jacke. Der glänzende Stoff ist von einem mehr oder weniger runden Rand geziert, mit irgendwie spinnennetzartigen Ausläufern. Das reicht absolut noch nicht für einen Alarm. Ist ja auch nicht zu sehen, klar. Außerdem... ist es fast interessant, sie so insgeheim beschmutzt zu wissen. Das Jackenfutter gibt seine seidenweiche Anonymität auf zugunsten einer gewissen lässigen Note, von ferne an Diderots Morgenrock gemahnend, der von allerlei Federstrichen fast wie ein Zebra gestreift war.

Dann nimmst du den Füller mit Daumen und Zeigefinger heraus, ganz langsam, ganz vorsichtig, aber das müsste gar nicht sein: Sobald die Kappe abgedreht ist, sind deine Finger sowieso fleckig, gar nicht zu vermeiden. Du reißt eine Seite aus einem Schreibheft, faltest ein Papiertaschentuch auf, um den Füller einzuwickeln. Das Taschentuch ist zu weich, das Papier viel zu starr.

Du holst die Patrone heraus, du schraubst auf, zerlegst, wischst ab, so gut es eben geht. So langsam wird das lästig, nimmt irgendwie groteske Ausmaße an, ganz ohne Verhältnis zu dem bescheidenen Fleck da. Aber genau das ist das Schöne. In den Zeiten der ultraperformanten Filzstifte, der extrafeinen Kugelschreiber, der mit fast sekundenschnell trocknender Tinte übers Papier fliegenden Roller musst du dem leckenden Füllfederhalter seine einfältige, sabbernde Trägheit lassen, diese Treuherzigkeit, mit der er sein Herz ausschüttet, die zugleich Sympathie und Wut hervorruft. Nein, kein unergründlicher, funktioneller Sklave: ein schön runder Körper, der sein Eigenleben führt!

Um diese leichte schwarztintige Blutung zu stillen, bräuchtest du ein gutes rosa Löschpapier, wie früher in der Schule. So stehst du jetzt mit klebrigen Fingern da: Du bist wieder acht. Der Form halber moserst du ein bisschen herum, aber auf deinen Lippen liegt ein unmerkliches Lächeln. Du hast keine Eile damit, dir die Hände zu waschen.

Nur schnell ein Omelett, ganz einfach

Tatsächlich, meistens findet man in Gräben welche. Ja, sogar an der Straße, am Waldrand – und die Autofahrer, die vorbeizischen, wenden für eine Sekunde den Kopf, doch ihre Geschwindigkeit reißt sie fort, sie haben nur gerade Zeit zu sagen:

«Schau mal, die haben wohl Pilze gefunden.»

Aber die besten Stellen sind immer noch im Unterholz, an moosigen Böschungen, am Rand von Reitwegen. Hübsch ist so ein kleiner, fester oder auch ein großer Steinpilz. Vielleicht wirkt sonst nichts auf der Welt derart frisch und üppig, so prall und vollkommen. Der Augenblick, in dem man ihn entdeckt – nein, das ist kein Stein, kein Häufchen feuchtes Laub –, vermittelt eine reine, jubilierende Freude, die eigentlich weit größer ist als der Wert des Fundes. Ja, es hat viel geregnet, und die Leute im Dorf haben unter ihren Schirmen gelächelt: «Na, wenigstens gibt es dann Pilze!», aber du hast genau gewusst, dass dieser Trost durchaus nicht garantiert war. Es war ja auch ein bisschen kalt, zweimal warst du schon im Wald, vergebens, nichts, nicht mal ein Fliegenpilz, bei dessen Anblick man sich aufmuntert:

«Wenn es Schlechte gibt, dann gibt's auch Gute!»

Aber siehe da, der dritte Versuch hat Erfolg. Er hat dir immer noch genug ungestillte Hoffnung und vergebliche Schritte abverlangt, dass du dich so richtig freust, als du das knubblige, pralle Kerlchen siehst. Seltsam: Da steht er, vor deinen Augen, und ist doch etwas so Flüchtiges und Geheimnisvolles. Manchmal findest du auch Totentrompeten – es genügt, die Erste zu entdecken, fast tiefschwarz und schwierig zu erkennen zwischen den dunklen, morschen Ästen, und du weißt, dass dir eine reiche Ernte bevorsteht, denn wo eine ist, sind viele. Beim Steinpilz ist das anders. Auch wenn du auf demselben Moosflecken zwei oder drei findest, ist doch jeder einzigartig – und wenn der eine von einer Schnecke angefressen ist, wirkt der Nachbar nur umso unversehrter und unversehrbarer. Der Hut eines kleinen Steinpilzes ist so hinreißend mattsamten dunkel und sein cremeweißer Fuß manchmal so dick, dass der Hut nicht über ihn hinausragt.

Zu Hause wird dann gedünstet, gebraten, es duftet nach Knoblauch und Petersilie – und vor allem nach Wald, ein Duft, der den ganzen Raum erfüllt und die Küche in ein Alchimistenlabor verwandelt, wo die Essenz des Unterholzes zu schweren Dämpfen destilliert wird, die lecker sind, aber auch schon abstrakt. In der Pfanne sieht der Steinpilz ganz anders aus als im Wald, dafür verteilt er sich überall, sitzt in dem Niederschlag am Fensterglas, in der Lust auf eine staubige Flasche Burgunderwein, und er gibt dir die Idee ein, ein paar Freunde anzurufen – «Nur schnell ein Omelett, ganz einfach; ich hab Steinpilze gesammelt.»

Ins Schwimmbad vor der mündlichen Prüfung

Es ist Frühsommer. Herrliches Wetter. Das Leben könnte so einfach sein. Ein Vormittag, gemächlich vorm heißen Kaffee, Abende mit Grenadinesirup in einem weitläufigen Garten – Stille, Geißblatt, Zigarette.

Aber nichts von alldem. Wegen dem Abi oder einer anderen Prüfung oder, schlimmer noch, wegen einer Bewerbung. Aber das kommt aufs selbe hinaus. Die Sonne ist von der unerbittlichen Härte eines griechischen Schicksals. So. Du bist gerade alt genug, um die Welt zu genießen, und da zwingt man dir solch eine Entscheidung auf. Irgendwo steht das geschrieben, vielleicht als gallige Revanche der Älteren. Du warst geruhsam auf der Reise zu dir selber, du warst verliebt. Und jetzt wird dir diese Angst aufgebürdet, die du dir von den Anschlägen im Gymnasium herunterliest, vom Bildschirm eines Minitels in der hektischen Stille eines Vorzimmers – im nahen Gemurmel des Fernsehers ist schon von der Tour de France die Rede.

Es brennt dir mitten in der Brust, dieses unerträgliche Gefühl, dass das Leben überall so schön ist, wo du nicht bist, dass die Kirschen pflückreif sind. Manchmal sind die anderen sogar schon in Urlaub. Wenn du durchfällst, musst du auch so tun, als würdest du den Sommer genießen, den Strand in der Bretagne, und denken: Nächstes Jahr noch mal von vorn. Aber jetzt hältst du dich vorerst noch im Gleichgewicht auf dem Seil.

Du bist nicht sehr zufrieden mit dir. Du weißt, der Erfolg würde dich verdummen, selbstgefällig werden lassen, eine banale, allzu vertraute Freude würde diese tiefe, süße Melancholie übertünchen, in der du dich dir so nahe fühlst, jetzt am Ende deiner Jugend, zwischen Liebe, Abi, dem Leben, das da vor dir liegt. Besser, du fällst durch und bleibst dir treu.

Aber es ist warm, die Röcke sind kurz, ein belgischer Sprinter hat die erste Flachlandetappe gewonnen, und du hoffst wider besseres Wissen. Vor der mündlichen Prüfung gehst du noch mal ins Schwimmbad.

Mir würde ja das Wärterhäuschen reichen

Ein großartiges Anwesen. Eine lange Platanenallee, an deren Ende: das Schlösschen aus dem achtzehnten Jahrhundert, tief in die Bordeaux-Weinberge geschmiegt. Oder eine lange Tannenallee, an deren Ende ein feudales Landhaus in der Sologne, ein Herrenhaus in der Normandie ... Und plötzlich die Lust, allein einherzugehen, als Herr der Liegenschaft, die Hände hinterm Rücken verschränkt, ein wenig vornübergebeugt, in der Phantasie das Gewicht eines echten Schicksals, einer wahren Vergangenheit, einer gewissen Melancholie, um den blendenden Besitz dieses Wunders aus Steinen und Blattwerk zu rechtfertigen. Nur ein paar Sekunden lang. Und dann sagst du:

«Nein, mir würde ja das Wärterhäuschen reichen!»

Sofort herrscht um dich herum eifrige Zustimmung. Natürlich, das Wärterhäuschen!

Die Bescheidenheit, die aus in diesem Verzicht

spricht, ist nur oberflächlich. Mit dem Wärterhäuschen würdest du dich begnügen, nicht weil du weniger wärst als ein Herr, sondern weil du dann mehr wüsstest. Du könntest den Augenblick besser genießen, die Alleen ohne Pflichten durchschlendern, von den getäfelten Salons träumen. Die Eigentümer haben nichts als Sorgen. Und sie können nicht oft kommen. Sie sitzen in Paris fest. Das Gewicht des Erbes, der beginnende Niedergang schränken ihre Möglichkeiten zur Freude ganz sicher erheblich ein. Und der tatsächliche Wärter ist vielleicht nur ein stiernackiger Stumpfkopf, der all diese Schönheit ohne das geringste Bedauern gegen eine gesichtslose Dreizimmerwohnung in der Stadt eintauschen würde.

Du aber stehst zwischen alldem. Du bist ein Wärter in der Phantasie, der den Wert der sacht sich neigenden Abende in Aquitanien ganz zu ermessen wüsste, auf einer Terrasse überm Weinberg sitzend, den Wert des herbstlichen Morgendunstes, des Steinpilzdufts entlang der Reitwege. Das kurz erblickte Anwesen beschreibt im Handumdrehen die Position, aus der du endlich die ganze verborgene Macht zeigen kannst, die du dir zubilligst. Als Aristokrat des Geistes hättest du auf einmal sämtliche Qualitäten, die im normalen Leben auszuleben du so wenig Gelegenheit hast. Und bescheiden bist du auch noch.

«Nein, mir würde ja das Wärterhäuschen reichen!»

Brotzeit

«Ist eigentlich noch Brot da?»

Die Frage kommt immer zu spät. Vielleicht klingt sie darum immer ziemlich besorgt, fast angstvoll. Und eine Note von nüchternem Fatalismus schwingt auch mit.

«Moment, ich lauf sofort los. Trudelle hat manchmal um die Zeit noch auf.»

«Ach, lass mal, das lohnt sich doch nicht mehr!»

Es liegt eine gewisse tragische Befriedigung darin, diese abendliche Katastrophe bis zur Neige auszukosten. Natürlich wird man sie überleben, gleich sagt jemand:

«Macht nichts, wir haben ja noch Cracker ...»

Aber trotzdem. Der Mangel an Brot verursacht eine Betroffenheit, die weit über den Anlass hinausgeht. Wer kein Brot hat, der steht abseits, der ist aus der Gemeinschaft ausgeschlossen. Und die vorsorgefähigen Mitmenschen erteilen einem ja auch die Lehre: Sonntagnachmittags liegen ab fünf Uhr auf den Hutablagen in den Autos schön sichtbar die rettenden Baguettes, die ihnen über jeden Stau weghelfen werden. Sie werden nachts zu Hause ankommen, todmüde, ohne jeden Appetit auf ein spätes Abendessen, nicht mal kurz was im Stehen. Aber Brot haben sie!

Brot ist mehr als ein Grundnahrungsmittel, es ist ein geistiges Fundament. Das Brot ist das Knochengerüst, die Struktur der Tage. Ein bisschen braunknusprige Kruste, ein bisschen Weiches: Das ist der Stützpfeiler des Lebens. Wehe dem, der nicht rechtzeitig daran denkt, dass bis zum Abend genug von diesem bescheidenen Urmeter da sein muss, das weniger dazu dient, unseren Appetit zu messen als unsere Begabung zur Vorsorge. Wenn gegen Abend die Gäste noch sitzen bleiben und man ihnen vorschlägt, gemeinsam ein paar Reste zu essen, ein bisschen Salat dazu, nichts Großes, dann taucht bald die fatale Frage auf, die einen stets kalt erwischt. Eben hast du dich noch so großzügig gefühlt, und schon bahnt das Verhängnis sich an:

«Ihr bleibt doch noch für eine kleine Brotzeit?»

In der Metro Platz machen

Am Anfang der Strecke herrscht leichte Luftigkeit. Du kommst in einen nur spärlich besetzten Wagen. Trotzdem bleibst du lieber stehen, bei der Tür, auf der Gleisseite – da wirst du nicht von den ein- und aussteigenden Passagieren gestört, außerdem kannst du in den Bahnhöfen die Werbung und die Leute auf dem Bahnsteig gegenüber anschauen, mit der Distanz, dem Darüberstehen, die das Auge des Stadtbewohners aus den banalen Verstrickungen befreien. Zwischen den Stationen aber hast du nicht viel zu tun, bald bist du dein eigenes Spiegelbild im schwarzen Fenster leid oder eher die Vorstellung, dass die anderen Passagiere beobachten, wie du dich in deinen eigenen Anblick vertiefst. Also setzt du dich doch. Noch ist in diesen allzu engen Miniabschnitten mit den Sitzplätzen etwas frei. Der Akt vollzieht sich ohne Zeremonie, ohne «Guten Tag», «Bitte» oder «Danke», Beine werden zusammengeklemmt, wer schon dasitzt, rückt den

Hintern näher an die Lehne, zeigt damit zugleich Zustimmung und einen leichten Vorwurf an – deinetwegen ist es jetzt vorbei mit der Bequemlichkeit.

Eine Station folgt auf die andere, nichts ändert sich. Zwei Passagiere steigen aus, einer steigt zu. Dann auf einmal ein Ansturm: Die Metro ist im Bahnhof Saint-Lazare eingefahren. Der Überfall einer wahren Horde. Eine Welle schwappt in den Waggon und verwandelt ihn tiefgreifend: Wo eben noch Einzelschicksale verfrachtet wurden, herrscht jetzt das Durcheinander der Völkerwanderung.

Du freust dich, dass du unversehrt geblieben bist: Der Club der Sitzplatzinhaber braucht sich keine Sorgen zu machen. Aber diese zur Schau getragene Heiterkeit musst du dir mit einer immer aufgesetzteren Gleichgültigkeit erkaufen, dann mit dämlicher Heuchelei. Die Flut schwillt, dringt in jeden Winkel. Mittlerweile wird es schwierig, die Zeitung zu lesen, es ist lästig, die mitfahrende Menschheit gezwungenermaßen in Gürtelhöhe anzustarren. Du weißt sehr wohl, dass irgendwo über deinem Kopf ein Schild drohend mahnt: «Sitzplätze vorbehalten für ...» Na ja, Kriegsversehrte und Blinde sind nicht gerade Legion, aber das lässt sich von Schwangeren und Betagten nicht behaupten...

Du hättest sofort aufstehen müssen. Was soll

eine verspätete, leicht verschämte, aufgeschobene Geste der Großzügigkeit? Doch mehr bringst du nicht zustande, du wagst es nicht, den Nutznießer mit einem Blick zu bestimmen. Du spürst es genau, als du aufstehst und tolpatschig auf die Füße der gedrängt Umstehenden latschst: Deine gute Tat ist verfehlt, sie macht dir kein gutes Gewissen. Vorerst setzt sich niemand auf den Platz, den du frei gemacht hast. Erst wenn deine geheuchelte Zuvorkommenheit lange genug vergangen ist, wird jemand verstohlen darauf Platz nehmen. Zum Glück kommt gleich die nächste Station, da steigst du aus.

Junioren im Sonnenschein

Oft ist es gegen Ostern wieder soweit. Manchmal schon lange davor, an einem etwas aufgedrehten Sonnabend. Seit mittags scheint die Sonne. Sie sind hinten auf dem Fußballfeld, in roten und grünen Trikots. Du bleibst nicht mal stehen, um ihnen zuzuschauen – außer ihnen sind da nur noch die Eltern und Trainer, und du würdest als Zaungast an der Seitenlinie ziemlich bescheuert wirken. So ein Juniorenspiel ist keine Sensation. Es läuft auf einem Nebenfeld, weit entfernt von der ausgestorben daliegenden Tribüne, den menschenleeren Aschenbahnen. Aber ein paar Sekunden im Vorüberfahren mit dem Wagen genügen, du hast es gesehen. Nämlich diese ganz besondere Art, wie sie sich auf dem Rasen tummeln, immer ein bisschen allzu eifrig.

Sie spielen mit dem Ball, freilich, aber ihre Bewegungen haben nicht nur mit Fußball zu tun. Auf einmal sieht es aus wie auf dem Schulhof, ein zweckfreies Getümmel. Den ganzen Winter über haben sie jeden Samstagnachmittag bei Kälte und Wind, bei weichem Untergrund gespielt. Der Ball war schwer, die Stollen matschig. Es zählte einzig der Ausgang des Spiels, die Platzierung in der dritten Gruppe – und manchmal schwirrte ihnen bei der Rückkehr aus den Umkleiden eine miese Mathenote im Kopf herum, die sie zu Hause noch beichten mussten.

Und jetzt das. Es ist gutes Wetter, und all die grauen Spiele scheinen nur um dieses einen willen stattgefunden zu haben, das so tut, als würde es immer noch Fußball heißen. Ecke, Sechsmeter, eine Apfelsine in der Halbzeit: alles Dinge, nur dazu da, die laue, blonde Freude noch mehr zu genießen, eine untergründige Freude, die sie um nichts in der Welt jemandem verraten würden. Die sie sich ja selber nicht eingestehen. Sowas ist was für die Großen, die immer alles verderben, indem sie es in Schubladen stecken, wenn sie seuzfen: «Ach, wie ist es bei dem guten Wetter so schön!»

Wenn man zehn ist, spielt man tief ernst und ist über alles erhaben, man steht beim Antritt mit beiden Beinen auf dem Boden. Trotzdem, in jeder Bewegung ist Glück, das ist deutlich zu sehen. In roten und grünen Trikots. Junioren im Sonnenschein.

Wollten Sie ihn sprechen?

Diese sanfte Stimme, die dir eine keimfreie Absage erteilt – «Monsieur X ist in einer Besprechung. Kann er Sie zurückrufen?» –, ist noch nicht die schlimmste. Nein, die Sekretärin, die einen wirklich zur Weißglut treibt, das ist die Gute Sekretärin. Die treue, patente, die Monsieur-X-fast-noch-besser-kennt-als-er-sich-selbst. Das ist sofort zu spüren, die Anonymität des Telefons ändert daran nicht das Geringste; schon beim ersten Satz hat sie dich eingeschätzt. Du hättest nicht gedacht, dass Monsieur X eine unbezwingbare Festung ist. Aber nach diesen paar Sekunden steht dein naiver Wunsch geradezu wie eine Anmaßung da.

«Wollten Sie ihn sprechen?»

Schlagartig ermisst du, wie schamlos dein Ansinnen ist, und du kriegst zittrige Knie. Nein, so gesehen war dein Bedürfnis, Monsieur X zu sprechen, nicht so existentiell, was hat dich da nur geritten? Ein kleiner Rest Stolz hindert dich daran, die Sackgasse zu nutzen, die dir mit einer leicht belustigten Gnädigkeit angeboten wird und mit einem Imperfekt, das zeigt, wie aussichtslos das ganze Unterfangen war:

«Worum ging es denn konkret? Kann ich Ihnen vielleicht helfen?»

Ah! dies «konkret», das schmerzt! Es gab nichts Konkretes, das hat die unbarmherzige Inquisitorin sofort erspürt, und ihr «Kann ich Ihnen vielleicht helfen?» könnte ohne weiteres umschlagen in ein «Sie sollten ihn besser in Ruhe lassen». Du bist gekränkt und kommst ins Schwimmen:

«Nein, es war was Privates. Ich versuche es später noch mal.»

Und ihr «Bitte, wie Sie wünschen» klingt gleich nach verletzter Liebenswürdigkeit oder wiederum fast belustigtem Mitleid.

Später, falls der Zufall aus dir einen unbestrittenen Vertrauten von Monsieur X gemacht haben sollte, wird die Gute Sekretärin sich von Grund auf ändern. Du brauchst dich nur am Telefon zu melden, schon hörst du zu deiner Verblüffung ein «Ich verbinde!», dessen fliegende Beflissenheit auch sagen soll: «Sie wissen wenigstens, wann Sie ihn am besten erreichen!»

Aber wird dich das wirklich überraschen? Du möchtest das gern vollkommen menschlich finden, aber es geht um Machtverhältnisse. Die ungenießbare Madame Z ist für dich jetzt die reizende Madame Z. Sie hat es früher nicht gewusst, du aber hast es von Anfang an gespürt: In ihrer übertriebenen Strenge hatte bereits der übertriebene Diensteifer mitgeschwungen. Schließlich macht das die Guten Sekretärinnen aus.

Der Bohrer

Wieder einmal bist du beim Zahnarzt, nach einer langen Pause – dabei hattest du dir so fest vorgenommen, regelmäßig jedes Jahr hinzugehen, zur Kontrolle, zur Zahnsteinentfernung… Und dann ist die Zeit vergangen; jetzt sitzt du da, nach einer schlaflos verbrachten Nacht, erleichtert, einen Termin bekommen zu haben, aber trotzdem voll Angst.

Schon eigenartig, wie man sich dem Zahnarzt ausliefert, restlos und dennoch widerstrebend. Beim Betreten des Behandlungszimmers würde man gern ein paar belangslose Worte wechseln, aber der Zahnarzt ist in solchen Augenblicken auf anderes konzentriert. Er ordnet Papiere, sagt etwas zu seiner Helferin, gibt dir Zeichen, dass du auf den Behandlungsstuhl klettern sollst. Er schaut dich nicht einmal an, während du noch zur Kommunikation aufgelegt, fast redselig gestimmt bist. Doch erst, wenn du das mühsam hinuntergeschluckt hast und verkrampft in der

Horizontalen daliegst, interessiert er sich für dich. Mit weit geöffnetem Mund und lächerlich ausdrucksvollem Blick kannst du nur noch verzweifelt nicken. Erst hörst du mechanisches Kratzen, spürst zischende Druckluft, eine Spritze – alles unangenehm, aber rasch vorbei. Du wartest. Du weißt ganz genau, das ist erst das Vorspiel.

Und dann ertönt ein Schnurren und steigert sich innerhalb von Sekundenbruchteilen zu einem schrillen Ton. Es kommt von fern, dies Kreischen des Bohrers. Auf seinem Weg an dein Ohr weckt es sämtliche alten Ängste, kindliches Entsetzen, du kannst es nicht verbergen, weggewischt ist die geheuchelte Gelassenheit des Erwachsenen, mit der du im Wartezimmer *Paris-Match* durchgeblättert hast. Jetzt musst du dich dem quälenden, von dumpfem Vibrieren begleiteten Dröhnen dieses Metallinsekts fügen. Unvermittelt bist du ganz woanders, in Raum und Zeit gefangen von dieser stählernen Zikade, die hämmert und zerreißt, die sich durch Zahnschmelz und Knochen frisst, für ein paar Sekunden in die freie Luft schnellt, um dann umso wilder, besessener wieder über dich herzufallen.

Du bist sicher: So schrill das Geräusch ist, so lange dauert die Tortur, wie lange, ist ungewiss, aber lange, so viel ist klar. Du verwandelst dich zu einer Blase voll schrillen Tönen, die durch den leeren, grauen Raum schwebt auf eine undeutlich erkennbare, wie in Watte gehüllte Erlösung zu: Dir wird ein Becher mit Wasser gereicht, du spülst, spuckst aus, ein Ritual der Befreiung. Doch das Kreischen des Bohrers steckt tief in dir drin, es ist zu einem Teil deines Körpers geworden. Du tust so, als würdest du es vergessen, aber die Zikade könnte jederzeit wieder losschrillen.

Bange Bahnhofsminuten

Der rotweiße Triebwagen müsste um achtzehn Uhr fünfzehn am Bahnsteig anlangen. Vor fünf Minuten hat ein Intercity-Express die leere Station geohrfeigt. Du bist zwei Schritte zurückgetreten. Der Luftschwall hat den Raum erschüttert. Die Mauern des Bahnhofs haben gebebt, geduldig, aber aufgebracht. Das kleine, dunkelgrüne Holzhäuschen mit den Toiletten hat gar nicht begriffen, was das jetzt war. Mittlerweile hat der Bahnhof im warmen Sommerlicht seine Frisur wieder geordnet. Die Geranien haben ihre Gelassenheit wiedererlangt, um einen anderen, zivilisierteren Besucher zu begrüßen.

Und dann taucht in der Ferne der Triebwagen auf, hinter dem Bahnübergang in der letzten Kurve. Er schmiegt sich auf die Schienen wie eine Katze, die ohne Hast zutraulich herankommt. Der Motor läuft bereits langsamer, das rumpelnde Ta-damm-ta-damm ist einem regelmäßigen, auslaufenden Pomm-pomm-pomm gewichen, einem ganz runden, gemütlichen, friedlichen Ton. Du stehst da, die Hände im Rücken verschränkt, und merkst, dass du ein bisschen lächelst.

Wenn aber der, auf den du wartest, etwa nicht aussteigen sollte, dann hätte das brave Pomm-pomm-pomm etwas grausam Ironisches. Mit einem geschmeidigen Satz springt ein Schaffner aus dem noch rollenden Zug und ruft den Namen des Dorfes aus. Jetzt, kurz vor dem Halt, wird das Bremsenkreischen immer lauter. Das Schnurren des Motors wird stetig leiser, begleitet von einer dunklen Rauchwolke. Der Bahnhofsvorsteher übergibt dem Schaffner ein Paket. Vier, fünf Passagiere steigen unendlich langsam auf den Bahnsteig hinab, mit einer so routinehaften Gleichgültigkeit, dass du ganz zappelig wirst. Der, auf den man wartet, ist immer der Letzte, der Einzige, der von Gepäck behindert wird. Achtzehn Uhr achtzehn. Gerade mal drei Minuten Verspätung, genug, um sich ein klein bisschen Angst einzureden, genug, um die Vorfreude zu genießen. Ein Pfiff. Wieder das Pomm-pomm-pomm, es wird rasch lauter. Nach der Umarmung wartet ihr schweigend, mit auf den Boden gerichtetem Blick, bis ihr das Gleis überqueren könnt. Das Rot und Weiß zieht langsam beiseite und gibt den Blick wieder frei auf ein

Stück Mauer mit Geranien und den Sommerhimmel.

Artischockenzirkus

Ganz klar, es kann nur an einem Tag sein, an dem du dir wirklich Zeit nimmst. Mit der Familie oder auch allein – eine Artischocke braucht Konzentration, kein Gedanke, sie im Kreise von Gästen zu verspeisen. Der erste Teil des Rituals besteht darin, das Messer – oder besser die Gabel, das Messer ist etwas zu flach – unter den Teller zu schieben, damit er ein bisschen gekippt steht. Du rührst dir deine Sauce selber an, ein wenig Öl und Essig, eine Messerspitze Senf, samtbraune Inselchen, die am Tellerrand treiben. Außerdem muss noch eine leere Kaffeeschale oder ein Extrateller auf den Tisch, für die abgegessenen Blätter.

Dann kann es losgehen. Essen? Kann man das als essen bezeichnen? Eigentlich zieht man mit den Zähnen Furchen über den ledernen, harten Teil des Blattes und gelangt erst am Schluss zu dem weich gefüllten Rand. Viel Geschmack gibt das nicht her, du begnügst dich erst einmal mit diesem Kontrast der Konsistenzen. Und viel im Mund hat man dabei auch nicht gerade, obwohl die Kaffeeschale sich schon mit dunkelgrünem, schwarzem Schillern füllt. Schön ist es, wenn die Blätter kleiner werden, spitzer, stachlig fast, irgendwann ist nur noch eine Art Zirkuskuppel übrig, ein zartlila Indianerzelt, an der Basis verdickt, dunkelweiß und glänzend. Es gilt den richtigen Moment abzupassen, in dem du es im Ganzen greifen, abheben und genießen kannst – nach all der langzähnigen Nagerei kommt dir das geradezu schamlos vor.

Dann noch das Schwierigste: das Heu von dem graugrünen Schüsselchen abzunehmen. So ganz und gar schaffst du es nie, aber das ist eigentlich gerade gut so: Ein paar Fasern auf der porigen Oberfläche steigern nur noch den Genuss an dem erstaunlichen Wunder dieses ganz und gar essbaren kleinen Planeten, den du jetzt in längliche Stücke zerschneidest. Die Sauce genügt gerade mal so, um diese vollendet köstlichen Inselchen darin einzutauchen.

Seltsam, manchmal isst man raffinierte Vorspeisen mit ganzen Artischockenherzen, gefüllt mit Gemüsemajonaise, Thunfisch und Mais. Man futtert sie weg, gedankenlos, eine namenlose Verschwendung ist das. Um einen Artischockenboden wirklich zu würdigen, braucht es daneben einen Hügel von Blättern, eine zerpflückte Zirkuskuppel.

Du kannst ja die Indianer nehmen

Ein Kind beim Spielen, ganz allein, es kniet in seinem Zimmer auf dem Teppichboden. Wild-West-Figuren von Playmobil, dazu das Fort mit den etwas allzu gleichmäßig geformten braunen Plastikpfosten, die Indianer, die Blauröcke – sogar den mit der Trompete hat er. Du stehst da, bist Gast des Hauses, die anderen sind zum Markt, du bist als Letzter aufgestanden. Der Junge hat die Indianer ums Fort herum aufgestellt, sie liegen auf dem Bauch, auch die Pferde liegen. Er spricht laut zu seinem Spiel, mit Sätzen wie aus dem Wildwestfilm. Du stehst noch im Flur. Zu rücksichtsvoll, um dich zu zeigen – du möchtest nicht unterbrechen –, aber auch zu rücksichtsvoll, um dich nicht zu zeigen – er hat dich sicher schon gesehen. Außerdem hast du ein klein wenig Lust, mitzumachen. Nicht wirklich zu spielen, aber dir selber zu beweisen, dass du nicht nur ein Trampel wärst, ein Elefant im Porzellanladen. Du zögerst. Du bist wirklich sehr verschüchtert. Es erinnert dich an etwas lang Entferntes, an Mädchen, die du dich nicht anzusprechen trautest, an Leben, die du begehrtest, Wörter, die du nicht fandest. Du fühlst dich wieder wie damals, als so viel auf dem Spiel stand, aber am Ende wagst du es einfach:

«Glaubst du, ich darf mitspielen?»

Und du siehst dich von einem ernsthaften Blick taxiert. Kein Jubel, keine Ablehnung, keine Höflichkeiten. Aber nach langem Abwägen eine gebieterische Armbewegung:

«Du kannst ja die Indianer nehmen.»

Du nimmst die Indianer, und du steigst sofort ein:

«Ich hab dir einen Abgesandten geschickt, zum Verhandeln.»

Du darfst mitspielen! Und tauchst mir nichts, dir nichts in die Geschichte ein, gegenseitige Zugeständnisse, ich geb dir deine Gefangenen wieder, aber du musst mir für zehn Tage Verpflegung geben. Wenn die anderen vom Markt zurückkommen, hörst du Sätze wie vorher niedergeschrieben:

«Wo stecken denn die beiden?»

«Im Kinderzimmer. Die spielen Cowboy und Indianer, geht ganz schön hoch her!»

Später, als es den Aperitif gibt, verzichtest du aufs Trinken und trägst ein Spürchen zu dick auf:

«Trinkt schon mal was ohne mich! Ich muss noch ein paar tapfere Männer opfern!»

Sehr feige ist das, so zu tun, als könntest du dich mühelos in beiden Welten bewegen – als hätte nicht auch dein Herz heftig geschlagen, in dem zerbrechlichen Augenblick, als die Kindheit dich hätte verstoßen können.

Die Synchronstimme

Mord im Orientexpress. Das hast du schon lange nicht mehr gesehen. Nicht ungern lässt du dich in diese geschlossene Welt entführen. Der Mord geschieht in einem der gepolsterten Abteile, in denen jeder Reisende seine verworrene Vergangenheit einschließt. Draußen beschneite Felder, drinnen Champagner und Valium, Kräutertee und heuchlerische Blicke. Du erinnerst dich undeutlich daran, wie die Schicksale der Figuren miteinander verwoben sind, doch wie, das könntest du nicht mehr sagen. Aber da ist gleich wieder etwas, ein Ton, ein Gefühl… Nämlich die Synchronstimme von Anthony Perkins, dem Sekretär des amerikanischen Milliardärs Ratchett alias Cassetti. Erst denkst du, es liegt daran, dass Perkins immer von demselben Sprecher synchronisiert wird. Aber es ist noch etwas anderes: Das Gefühl, jedesmal, wenn der neurotische Sekretär das Wort ergreift, aus der Geschichte hinauskatapultiert zu werden. Du befindest dich mitten in Zentraleuropa. Zugleich aber bist du woanders, in einem Land, das sich sucht, in einer anderen Geschichte. Die Repliken des Sekretärs passen nicht zu der Figur; die Musik der Wörter lässt sie etwas anderes sagen…

Und auf einmal hast du es! Diese Stimme ist dieselbe wie die des Helden von *Die Stunde des Siegers*, des 400-Meter-Läufers Eric Liddell, der für Gott läuft. Perkins kann seine nächtliche Abseitigkeit spielen lassen, so viel er will, seine Erscheinung hat trotz aller Zwielichtigkeit immer einen warmen Funken von etwas Vertrauenerweckendem, einen kleinen Rest heldenhafter Treuherzigkeit. Diese eine heimlich in der übersetzten Fassung von *Mord im Orientexpress* mitschwingende Rolle hast du jetzt erschlossen, wie viel andere sind da noch unerkannt mit im Spiel, kleine Inseln unwillkürlichen Erinnerns, die sich unter der Hand in die Tonspur einschleichen und die Figur brechen – alle Figuren, die unendlich vervielfacht werden?

Schön ist das mit der Synchronisierung. Klar weißt auch du, dass die wirklichen Liebhaber die Originalfassung bevorzugen. Aber den Banausen behagt diese Art, Filme zu sehen, durchaus. Sie fügt dem Zuschauen eine unwägbare Mischung von Geheimnis und Vertrautheit hinzu. Ohne es so ganz zu bemerken, wohnt man im Film.

Glockengetröpfel

Häufig in einem Eingang oder in der Tür zu einem Kinderzimmer: Im Vorbeigehen streichst du mit der Hand an den dünnen Metallröhren entlang. Darüber? Ein mehr oder weniger gelungener Eulenkopf in altbackenem Design – eins von den Dingern, die in den Siebzigern modern waren. Aber es kommt auf das Gebaumel darunter an, diese leise Klimpermusik, die du zerstreut beim Vorbeigehen wahrnimmst. Kein Grund zum Stehenbleiben. Das Gespräch geht weiter, geben Sie mir Ihren Mantel, hübsch, dein Zimmer. Aber man ist abgelenkt. Der Klimperklang zerfällt langsam, erst war er von beinahe aggressiver Lebendigkeit, jetzt ist er wie aufgeweicht und zerfließend. Doch er bleibt im Raum und sucht geduldig seinen Ort, zwischen den Sätzen beim Aperitif, zu gesalzenen Erdnüssen und herbem Whisky. Bald denkst du nur noch an den jüngst gesehenen Film, du protestierst – «Wie kann man denn sowas mögen?!»

Aber dann geht jemand unter der Eule durch, und die kleine Musik scheint von ganz fern her zu kommen, weit jenseits des geselligen Geplauders. Dich durchzuckt eine Erinnerung. Ja, genau, dieses leise metallische Läuten, das war der kleine Laden, den sie für den Parkplatz abgerissen haben, das ist schon so lang her. Wenn man die grüne Holztür aufschob, löste das ein Glockengetröpfel aus – man wusste nie ganz, woher das tönte, oder man wollte es gar nicht wissen. Die Ladenbesitzerin kam von hinten, die Hände über ihrem ausladenden Bauch, ihrer schönen weißen Schürze gefaltet. In den wenigen Sekunden vor den ersten Wörtern schwamm das ganze Lädchen in diesem leichten Nieselregen einzelner Töne. Nachmittagsmusik, blonder Staubtanz in einem Sonnenstrahl, die Pfefferminzbonbons in einem Glasballon, der Käselaib unter einer Käseglocke aus feinem Drahtgitter. Eine Metallmusik, um die Stille zu bewahren, die Kühle, die Düfte und die Dunkelheit.

«Wieso, was soll an dem Film so schlecht sein?»

Im Lyoner Bistrot

Man geht da hin, wenn man es gern ein bisschen eng und ungemütlich haben will. Die Dame am Nebentisch trägt schon diesen entzückt-verwirrten Ausdruck im Gesicht, den man bekommt, wenn man den Wirt in seiner blauen Schürze fragt, welchen Wein er empfiehlt, und er einem die Antwort serviert:

«Na, ’n Viertel Mâcon, da mach ich am meisten Gewinn mit!»

Schiefertafeln hängen an der Wand, darauf steht mit Kreide geschrieben die Speisekarte. Die Einrichtung schwankt zwischen 1950er Wohnküche und diskreten Art-Déco-Anklängen.

Vor allem aber kommt man hierher wegen jener halbvertrauten Wörter, derart fleischigen Wörtern, dass sie wie Verwünschungen jeglicher Schonkostküche klingen: panierter Pansen mit Remouladensauce, Kutteln auf Lyoner Art, Kalbskopf mit Sauce Gribiche, Lammfüße und

-mägen, Heiße Wurst, Kalbskaldaunen, Eintopf mit zweierlei Fleisch.

Und als die Dame sich um ihre Figur Sorgen macht, versichert der Wirt ihr übertrieben geduldig, seine Genervtheit schlecht überspielend:

«Aber nicht doch, Madame, Kutteln sind nicht fett. Innereien sind ganz mager!»

Der Blick auf den Trommelwanst, der die blaue Schürze wölbt, lässt mehr als den Schatten eines Zweifels auf diese Versicherung fallen, aber hier sitzt man nicht, um zu diskutieren.

Hier sitzt man, um wehrlos zu sein, sich von der Wärme der Nähe Ellbogen an Ellbogen einlullen zu lassen, vom Roten aus Mâcon… einer Wärme, die vor allem von dieser Schlemmerpoesie bewirkt wird, dieser schamlosen Sinnlichkeit der lukullischen Wörter. Auf dem Teller hat man eine üppige, aber doch nicht unvernünftige Realität. Aber im Kopf sprudelt es nur so, da tanzt das Cholesterin mit hämischem Grinsen. Panierter Pansen mit Remouladensauce! Jede einzelne Silbe platzt provozierend und prallzufrieden heraus. Im Lyoner Bistrot sitzt man wie ein Senator der Dritten Republik.

Sanfte Fülle

Herbst. Es regnet Früchte. Kastanienigel liegen weich in abgefallenes Laub gebettet. Dumpf aufprallende, kurz wieder hochhüpfende Äpfel, Birnen, Quitten. Eine Nuss kullert unter den Fuß. Endlich war es warm genug für die letzte Mahd, aber die Sonne neigt sich bereits. Trotzdem hast du Lust, noch ein wenig zu bleiben, auf der Bank zu sitzen und etwas zu knabbern, so kalt ist es noch gar nicht. Außerdem ist es wahrscheinlich das letzte Mal in diesem Jahr. Dir fällt das Gedicht von Keats ein, das du in der Schule gelernt hast:

Autumn
Season of mists and mellow fruitfulness…

Mellow fruitfulness. Der Lehrer hob den Blick zur Decke des Klassenzimmers, seine Fingerspitzen suchten nach einer ungreifbaren Nuance:

«Sanfte Fruchtigkeit, freilich, aber es ist ausgesprochen schwierig, eine genaue Entsprechung zu finden. Ich fürchte fast, wir haben es hier mit einer Wortneuschöpfung zu tun, einem Neologismus... Man müsste auch diese Assoziation von Fülle bewahren... *fruitfulness*...»

Eine Tasse heller Tee. Du stellst sie neben dich in die Wölbung der Bank. Das dunkelgrüne Dekor auf dem weißen Porzellan zeigt eine ländliche Idylle, eine ulkige, schelmenhafte Karosse, aber Mr Pickwick ist nicht zu sehen. Das Gras ist feucht oder auch schon etwas zu hoch, und in ein paar Tagen wird es noch viel schöner sein, weiße Lanzen am ersten bereiften Morgen. Du sitzt da, das Licht nimmt allmählich die Farbe des Tees an. Die Blätter der Scheinrebe erröten scheu und krümmen sich ein wenig, rotgesichtige alte Damen.

Es regnet Früchte für sehr helle Momente, frische Walnüsse zu einem Glas Weißwein, Kastanien, die du vor einem Kaminfeuer schälen wirst, Freunde kommen zu Besuch. Es wird Kompott aus Birnen, Äpfeln und Quitten geben, eine etwas herbe Note, gehüllt in zuckrige Süße, eine Erinnerung an den hohen blauen Himmel über den letzten Kosmeen. Sanfte Fülle der Früchte.

Hübsch haben Sie es hier!

«Hübsch haben Sie es hier!»

Du sagst es ein Spürchen zu früh, als müsste dieser Satz kommen, noch bevor du Vorzüge und Nachteile des Ortes wirklich hast abwägen können. Der Augenblick, in dem man die Privaträume anderer betritt, hat ja auch tatsächlich etwas Peinliches, auf einen Blick entdeckt man so vieles: ein Haus, eine Wohnung, aber darüber hinaus noch viel mehr, eine ganze Lebensweise, den Blicken entblößt dargeboten. Das «Hübsch haben Sie es hier!» ist ein pfiffiges Mittel, das möglicherweise Indiskrete dieses Eindringens zu entschärfen. Ein rascher Schwenk über die objektiven Gegebenheiten der Immobilie, dann ein Blick aus dem Fenster, auch wenn die sich dort bietende Aussicht ausgesprochen bescheiden ist, und das «Hübsch haben Sie es hier!» ist ein geschicktes Eintrittsbillett. Schon haben sich die Spannungen gelöst. Du wirst aufgefordert, es dir auf einem Sessel oder in einer Sofaecke bequem zu machen. Nun kann das Gespräch wirklich beginnen und dein Auge ungehindert schweifen, ohne dass der Gastgeber ein allzu ausgetüfteltes Urteil zu befürchten hätte.

Aber was sollte ihm das auch ausmachen? Er erwartet doch nicht, dass du sein Leben, sein innerstes Selbst beurteilst. Doch genau das zeigt sich hier, daran, wie die Pfeife auf dem Beistelltisch neben einem Päckchen Tabak liegt, daran, wie im Regal ein Taschenbuch mit der Titelseite nach vorn vor den anderen steht, wie Telefonbücher und Mail-Order-Kataloge übereinander gestapelt liegen und über alldem noch der Nachduft eines Räucherstäbchens schwebt und um Jean Sebergs Gesicht geistert, eine Aufnahme aus *Außer Atem* hinter Glas.

Zahllose Indizien treten hervor, während das Gespräch sich um Belangloses dreht, das Leben im Allgemeinen, die Ferien der Kinder, alternde Eltern, verflossene Lieben. Hier, in der Mischung der abstrakten Worte mit konkreten Gegenständen, tritt das wahre Leben zutage. Bevor du dich allzu sehr darin vertiefst, musst du dein Gegenüber schützen, einen Schirm über ihm aufspannen, du wendest den Blick zum Fenster, wo nichts Persönliches zu sehen ist. Doch, hübsch haben Sie es hier!

Tee Time

Tee Time ist beim Rugby, wenn ein Torjäger eine Verwandlung versucht oder einen Strafstoß. Eher noch einen Strafstoß, denn dann richtet sich die gesammelte Aufmerksamkeit auf ihn, die Dramaturgie schließt sich um seine Bewegungen. Man bringt ihm das Tee, jene kleine, in der Mitte gelochte Plastikscheibe, auf der er den Ball senkrecht zurechtstellen kann. Er geht zeremonienhaft rückwärts, manchmal in einem kleinen Kreisbogen, bedachtsam rituell, besonders, wenn er noch weitere Verwandlungen versuchen will. Spielt sich das Ganze in England ab, so machen die Sprecher im Fernsehen auf das faire Publikum aufmerksam, das den Gegner nicht auspfeift. In Frankreich wird das schrille Pfeifkonzert, das kurz vor dem Schuss immer weiter anschwillt, wie eine Beleidigung stumm eingesteckt. Der Torjäger wischt sich die Hände an den Shorts ab, dann nimmt er Anlauf. Am Jubel der Menge, gleich auch daran, dass die Linienrichter ihre beiden Wimpel hochreißen, erkennt man, dass der Wurf ein Treffer war.

Wenn er danebengegangen ist, hebt der Werfer das Tee mit automatenhafter Hast auf und schleudert es zur Seitenlinie, ohne ihm auch nur mit einem Blick nachzuschauen. Nicht so, wenn er seine drei Punkte gemacht hat. Freilich, beim Rugby ist man unter Männern: keine stürmischen Freudenausbrüche, zärtlichen Umarmungen, rasch geschlagenen Kreuze oder geküssten Medaillen. Nein, die Zuschauer spähen nach den minimalistischen Zeichen der Genugtuung, danach, wie der Stürmer dem Torschützen im Vorbeilaufen kurz auf den Hintern klopft. Der Werfer begibt sich wieder an seinen Platz, jene gewisse winzige Prise zur Schau getragener Bescheidenheit im Laufschritt. Aber darin, wie er das Tee abgibt, zeigt sich sein verhaltener Triumph erst richtig. Die Bewegung, mit der es es wirft, ist viel ausholender, er lässt die geöffnete Hand einige Sekunden länger in der Luft. Vor allem aber verfolgt er den Flug der kleinen Scheibe bis zum Ende. Das mag zwar nur kurz sein, aber die Seitwärtsbewegung seines Nackens in Flugrichtung, diese zweckfreie Begleitung des Tees durch einen Blick voller Zustimmung… das hat etwas wie ganz zufällig Großartiges, ein Gruß an die Sterne, der sich nicht zu erkennen zu geben wagt.

Orangina-Saudade

Die Musik der Kapelle übertönt gerade so eben die der Autoscooter und des Karussells. Wenn du jetzt bekannten Gesichtern begegnest, sind die Sätze vorgegeben. Nach den etwas zu lang gehaltenen Wangenküssen eine Bemerkung zum Wetter, eine darüber, wieviel schöner der Jahrmarkt doch früher war – Popaul Francazal, das war doch was ganz anderes; er sang noch auf Französisch, neckte die Tänzer, rief sie bei ihren Vornamen. Außerdem hat der nicht drei Millionen kassiert. Drei Millionen? Drei Millionen alte Franc natürlich. Lamothe hat mir das erzählt. Der sitzt im Festkomitee.

Danach ist die Munition so gut wie verschossen. Du nickst. Die Blicke wandern zur Tanzfläche. An einer langen Leitung baumeln bunte Glühbirnen, und darunter ist ganz schön was zu sehen. Da tummeln sich die Techniker des Paso Doble und des Walzers, meist schon nicht mehr ganz jung, sie kreisen abwesenden, konzentrierten Blicks. Wenn Rock 'n'Roll dran ist, verdrücken sie sich. Andere, etwas jüngere Künstler treten an ihre Stelle. Es gibt auch immer zwei Mädchen, die mit resigniertem Schwung zusammen tanzen, etliche Paare, die sich nicht berühren und sich irgendwie bewegen, und auf dem Mäuerchen an der Landstraße sitzt ein kleiner Alter mit Baskenmütze und schaut zu.

Du setzt dich seitwärts an den Rand der Tanzfläche, beim Getränkeausschank. Bier aus der Flasche oder eine Limo, ein Orangina? Kinder schieben sich zwischen den Tischen hindurch, wollen Geld, zischen gleich darauf Richtung Karussell wieder ab. Es riecht nach Schwarzpulver, vom Schießstand her, und nach Merguez.

Wozu miteinander reden? Die Musik ist zu laut. Also Einsamkeit nebeneinander und Orangina dazu. Das Gelärm der Kapelle tönt weit, jede Generation ist in ihre eigene Melancholie getaucht. Die Großmütter denken an die Zeiten zurück, da sie zu Fuß zum Ball gegangen sind, die Tanzschuhe in der Hand. Ballmusik beim Getränkeausschank; eine Schwade Akkordeontöne wird vom Wind verweht, der ein Gewitter heranschiebt. Mädchen damals in hellen Kleidern und heute in Jeans, Pfennigabsätze, geschnürte Espadrilles, Turnschuhe, egal. Da kreisen sie neben dir, so, wie sie tief in sich selber kreisen. Orangina-Saudade.

Die Post

Nebenher, im Schwung, beim Losgehen, beim Nachhausekommen. Sobald der Schlüssel im feinen Schloss steckt und sich dreht, weißt du, dass du eine Rolle spielst. Sehr entschlossen und lässig wirkt das, wenn du im Vorübergehen die Post mitnimmst. Du trennst die Spreu vom Weizen, bedenkst die Werbeflut mit einem Schulterzucken und steckst sie unter den Arm, bis du beim nächsten Mülleimer vorbeikommst. Manchmal ist eine Zeitung dabei. Die wandert nicht in den Müll, aber ebenfalls unter den Arm, samt den Kontoauszügen, den Quittungen und sogar einer Einladung zu einem Cocktail-Empfang. Du wartest noch auf etwas anderes. Immer noch auf etwas anderes.

Natürlich denkst du, wenn etwas Besonderes vorgefallen wäre oder etwas Schwerwiegendes, dann hättest du es am Telefon erfahren oder eine Nachricht wäre auf dem Anrufbeantworter. Ganz klar. Warum also dies Herzklopfen? Du bist doch nicht verliebt, aber es ist, als würdest du einen Liebesbrief erwarten. Du gehst weiter, zur Treppe oder auf die Straße, darauf kommt es nicht an. Es ergibt sich eine Verlangsamung, wenn du einen Brief aufreißt, als wäre dein Schwung nur noch vorgetäuscht, lächerlich. Manchmal ist es ein zu langer Brief, voller lästiger Dynamik, voll triumphierender Zeitansprüche. Manchmal ein trauriger Brief, der nur Gedanken enthält, Gefühle, keinerlei Handlung. Aber derselbe Ernst kommt auf, wenn du ihn liest; wenn sich am Ende der Reglosigkeit ein Lächeln abzeichnet, geschieht das nur langsam, ein etwas melancholisches Einverständnis am Ende des Flurs, der Vergangenheit. Trotz der Einkaufstasche, der Aktentasche, dem Regenschirm, der Werbung und der unter den Arm verbannten Zeitung hast du den anfänglichen Schwung verloren. Nichts mehr mit «die Post geht ab» – die Post ist da, dein Schwung ist weg, sie hat dich gebremst und aus dem Gleis geworfen.

Schultheater

Das Plakat kündigt etwas von Molière an oder von Gripari, von Labiche oder Tardieu, etwas Poetisches, Burleskes. Es ist immer zu warm. Es gibt immer einen Schüler, von dem man nichts erwartet hätte, der im Unterricht nie was sagt, verklemmt dasitzt und auf einmal aus sich herausgeht – und es gibt immer dieselben etwas herablassenden Sätze, mit denen er gelobt wird. Der Regie führende Lehrer hofft, dass alle Pointen sitzen, aber die komischsten hat er nicht geplant: dass der Schornstein umfällt zum Beispiel, und vor allem der lange Hänger trotz aller eifrigen Souffleure in den Kulissen – der Darsteller auf der Bühne scheint sie als Einziger nicht zu hören. Endlich, nach einer guten Minute Stille, fällt ihm sein Text wieder ein: «So redet doch nicht alle durcheinander!» Ist es nett, darauf so lange zu lachen? Aber die Zuschauer sind zu einem guten Teil gerade deswegen hier, wegen der kleinen, charmanten Unvollkommenheiten, die den Reiz einer Schultheateraufführung erst ausmachen.

Wie auch immer, hinterher gibt es kräftigen Applaus. Der verantwortliche Lehrer lässt sich ein wenig bitten, kommt aber auch auf die Bühne, bevor der Beifall verebbt ist. Danach gibt es vielerlei erleichterte Seufzer, abgelegte Perücken und Schultergeklopfe. Ein paar Eltern, einige Lehrer harren noch im Zuschauerraum aus. Sie würden sich gern ein bisschen nützlich machen, aber wie?

Und auf einmal wissen sie es. Irgendwer nimmt einen Stuhl, stellt ihn auf einen anderen, einen dritten. All die untätigen Gaffer werden von einem vergnügten Schauer ergriffen, augenblicks verwandeln sie sich in freiwillige Handlanger. Jeder weiß genau, dass das jetzt seine Pflicht ist. Ohne weitere Blicke oder Worte arbeiten sie Hand in Hand, stapeln, schieben, teilen sich in dieses frenetische Ballett, das sich parallel zur Bühne in Reihen vollzieht. Mehr noch als der Beifall vorhin, mehr noch als das Hierbleiben drückt diese Hilfe mit den Stühlen den Dank aus, den sie allen Mitwirkenden des Abends ausdrücken wollen. Die scheue Begeisterung entlädt sich jedesmal metaphorisch durch gestapelte Stühle. Ein beredter Lärm. In der Stille, die darauf folgt, weiß jeder, dass jetzt alles gesagt ist.

Dieser Vogel da

Soll das eine Art Pfau sein? Der Federschmuck sieht seltsam aus, aber hinten am Schwanz hat er ein paar Augen. Oder ein Paradiesvogel? Man kann nicht recht erkennen, was für ein Vogel das ist, aber das stolze Federvieh, das am Grunde deines Tellers das Gefieder spreizt, könnte sehr wohl etwas Besseres sein. Immer derselbe Vogel. So altvertraut, dass du nicht mal sagen könntest, wo du ihn schon gesehen hast. Jedenfalls nicht bei Freunden. Nein, dieses Geschirr gibt es eher in gewissen Hotels oder in Ferienhäusern, manchmal auch bei sehr alten Leuten.

Es ist seltsam schön, mal wieder vor diesem Vogel da zu sitzen. Vor allem, wenn das Bild schon etwas verblasst ist, etwas abgenutzt, wenn schon unzählige Nudelsuppen über das angeberische Geflügel hinweggegangen sind. Er sitzt auf einem Busch und schaut seit Jahrzehnten dem kleinbürgerlichen Frankreich beim Essen zu. Was sich am Fuße des Strauchs befindet, bleibt ein Rätsel. Der Künstler hat wohl einen Erdklumpen darstellen wollen, doch dessen komische Form, die Vertiefung in der Mitte, lässt ihn unvermeidlich wie eine schadhafte Schüssel wirken. Das hast du als Kind darin gesehen, wenn du dich im Restaurant langweiltest, der Konversation nicht zuhören wolltest. Mit der Zeit hättest du enttäuscht etwas Realistischeres darin erblicken können. Doch nein. Dieses seltsame Ding, das da im milchigen Himmel des Tellers schwebt, ist und bleibt eine schadhafte Schüssel.

Betrachtet man ihn genauer, ist der übrige Busch genauso unwahrscheinlich: große, weinrote, rundblättrige Blüten, orange oder cremeweiße Spieße mit spitzen Auswüchsen. Auch der lila Stamm präsentiert Dornen, die eines Dornröschenschlosses würdig wären. Und dann noch dieses bauchnabelartige Astloch. Weinrot, lila, sandfarben: die Farben des Vogels kehren im Busch wieder. Kein Mensch kann wissen, wie herum das entstanden ist: Ist das der Vogel zum Strauch oder der Strauch zum Vogel? Dieser Nicht-Pfau-Pfau, dieser falsche Rosenbusch sind gleichermaßen spröde und unvollkommen, ihr verwestlichter Orientalismus ist gleichermaßen angekratzt. Aber der Teller ist fast rund, von sanften Wellen gesäumt, auf denen die sich wiederholenden Blüten, am Ufer gestrandet, etwas von ihrer Grellheit verloren haben.

Keine Signatur. Seit Generationen schaben Löffel über dieses Porzellanfresko. Hat der namenlose Künstler von seinem Riesenerfolg erfahren? Klamme Augenblicke, Klirren von Besteck auf dem Teller, etwas zu wenig gewürzte Speisen. Und wie viele schwere Geständnisse, vertagte Träume, unausgesprochene Erwartungen, peinlich berührte Augenblicke hat dieser Vogel da erlebt?

Die letzten Schritte ganz langsam

Auf den letzten Metern vor der Kneipe. Ihr seid nebeneinander gegangen, raschen Schritts, draußen ist es kalt, ihr freut euch schon darauf, endlich aus dem eiskalten Wind heraus zu sein, redet nur noch mit Unterbrechungen, zwischen Atemwolken und Frostschauern, die Hände in die Taschen versenkt. Aber im letzten Moment geht es immer so: Man verlangsamt, bleibt fast auf dem Bürgersteig stehen, und plötzlich setzt das Geplauder wieder ein, es sprudelt gut gelaunt. Unspürbar bereitest du schon die zurückgelehnte Körperhaltung vor, mit der du den anderen zuerst einlassen willst – unauffällig und obwohl das Gespräch dich ganz und gar vereinnahmt, achtest du dennoch auf Sitte und Anstand. Es liegt aber nicht nur an dem Spiel der Großzügigkeit, wer der Höflichere ist. Du hast unvermittelt tatsächlich Lust, draußen auf dem Bürgersteig noch weiterzureden, zwei Schritte vor der Tür, du wirst sogar beiseite treten, um andere Gäste durchzulassen, die sich nach Lektüre der Speisekarte entschlossen haben – sich vor allem entschlossen haben wegen der Aussicht, euch zuvorzukommen. Natürlich, die Anekdote ließe sich auch drinnen im Lokal zu Ende erzählen. Aber nein. Das Thema muss schnell noch erledigt werden, hastig auf einmal, den Arm bereits vorgestreckt, mit dem du den anderen aufforderst, vor dir hineinzugehen. Es ist überhaupt nicht mehr kalt, du begeisterst dich über das Ende des Films oder erregst dich über die jüngste Peinlichkeit irgendeines Politikers. Wenn alles gesagt ist, erscheint auf den Lippen das gesellige Lächeln der erfüllten Pflicht.

Diese Verlangsamung auf den letzten Metern ist eigentlich etwas sehr Raffiniertes. So wird die Vorfreude auf den warmen Luftschwall in der Tür, auf die ersten Schritte ins Lokal gesteigert. Tellergeklapper, Entschuldigung, Messieurs, ich bin sofort für Sie da, zwei Espresso und die Rechnung, mir platzt gleich der Kopf, so, bitte, der Tisch da hinten. Ach ja, diese gedämpften Gespräche über Remouladensauce, diese rasch entfalteten Papiertischtücher, dir werden Öl und Essig hingestellt, die ungelenken Bewegungen, mit denen man sich aus der Jacke schält und sie an der überfüllten Garderobe unterzubringen versucht, dazu diese überhitzten Luftwirbel, die dich anfallen, herrlich, auf all das hast du dich draußen im

Wintergrau so gefreut, auf dem kalten Bürgersteig, und hast dich langsam genähert.

Die gemeuchelte Siesta

Du befindest dich mitten in deiner Siesta, allerdings ohne zu schlafen, blätterst in einer Zeitschrift oder besser noch einem alten Comicalbum, das du lange nicht mehr gelesen hast. Es ist zwei oder drei Uhr nachmittags, draußen herrschen die glutheißen Hundstage, es ist August. Du hast nicht mal ein schlechtes Gewissen, dass du irgendwas nicht erledigen kannst: Es ist sowieso viel zu heiß draußen, sogar zum Spazierengehen. Du liegst da, den gehäkelten Bettüberwurf unter die Füße geschoben, du fühlst dich leicht, genießt ein heimeliges, schwebendes Losgelöstsein. Fern ist die Welt, dir geht es besser als nur gut: Du musst gar nichts. Das Einzige, was dem Tag ein wenig Rhythmus gibt, sind die auf der nahen Straße vorbeifahrenden Autos. In der Kurve wird das Schnurren der Motoren leiser, als wollte der Fahrer anhalten, dann korrigiert das erneute sanfte Gasgeben auf dem hitzeweichen Asphalt diese Wahrnehmung. Die anderen fahren anderswohin, und das ist sehr gut so. Dennoch bringt dieses leichte Innehalten eine Art eingebildete Bedrohung in die Luftblase, in der du schwebst, etwas, das du dir einredest, um das Grau und Rot der gezeichneten Abenteuer von Bicot um so mehr zu genießen, den altvertrauten Frieden der unbebauten Grundstücke, auf denen die kleinen Amerikaner Baseball spielen.

Derart viele Autos sind jetzt durch die Kurve gefahren, alle mit derselben Verlangsamung, dass mittlerweile jede Gefahr ausgeschlossen scheint. Aber genau jetzt wird das x-te Auto ein kleines bisschen langsamer als die anderen. Das Innehalten vor der Beschleunigung des Motors dauert länger. Schlimmer noch: Statt des beruhigenden Schnurrens hörst du folgsame Reifen auf dem weichen Asphalt langsamer werden. Schon ist dir klar: Es ist vorbei. Du hast das Kaffeetrinken etwas hinausgezögert, hast überlegt, ob du nicht müde bist oder sogar ein wenig Kopfweh hast, hast dich über die Hundehitze beklagt und dir einen alten Comic herausgesucht: all diese Vorbereitungen, mit denen du dir eine echte, wenn auch unverdiente Siesta hast bescheren wollen, und jetzt wird das alles von der jesuitischen Stille draußen geradezu erdolcht.

Denn das Ritual, das sich anschließt, kennst du nur zu gut. Der Gummi-Asphalt-Ton verstummt, es folgt das Geräusch sich schließender

Wagentüren, die mit jener heimtückischen Diskretion zugedrückt werden, wie sie für Überraschungsbesuche typisch ist. Halblaute Stimmen dringen an dein Ohr, zu leise, als dass du erkennen könntest, wer genau da kommt. Das ist doch auch eine paradoxe Heuchelei: Warum vollführen Gäste, die schon überfällig sind, einen triumphalen Einzug, während Siestadiebe so schamhaft kommen, als träten sie vor eine Klosterpforte? Bescheidene Zurückhaltung, leisetreterische Sandalen, aber das hindert sie nicht daran, den Tag mit groben Stiefeln zusammenzutreten.

Zu dem Verdruss, dass du die Siesta abbrechen musst, gesellt sich das schlechte Gewissen über eine so niedrige Regung, deren Säuernis halb der Verdauungsmüdigkeit, halb einem offensichtlich selbstsüchtigen, engstirnigen Wesen zuzurechnen ist. Denn diese Verwandten, diese Freunde werden dich ja schließlich mit ihrem Überfall erfreuen!?

Sicher. Vielleicht. Später. Aber erst mal ist es doch so: das tückische Verstummen des Motors, der Gummikuss der ausrollenden Reifen, die absichtsvoll zärtlich zufallenden Türen, all das hat die süßliche Brutalität eines Meuchelmordes mit gezückter Stichwaffe. Der perfekte Hinterhalt.

Inhalt